PRINCIPES ET VALEURS
POUR UNE ÉDUCATION DÉMOCRATIQUE
DES JEUNES AU BÉNIN

Collection « Justice & Démocratie »

Dirigée par Laurent HINCKER

Cette collection a pour vocation de donner des éclairages sur les problématiques de justice et de démocratie qui traversent notre société. Elle a pour principale ligne éditoriale une réflexion pluridisciplinaire autour des enjeux actuels de l'institution judiciaire. Elle porte également un éclairage innovant sur des expériences variées qui fondent des formes émergentes dans nos démocraties.

Déjà parus

- Myriam Quémener, *Cybersociété, entre espoirs et risques*, 2013.

- Zaîr Kedadouche et Habderrahim Hafidi, *Marche ou Crève, La Marche pour l'égalité et contre le racisme*, 2013.

- René Vogel, *La violence conjugale, une affaire à trois... et bien plus*, 2019.

- Sylvain Moraillon, *Halte aux placements d'enfants abusifs. Une dérive alarmante de notre système socio-judiciaire*, 2019.

- Monique Fritz, *Accidents de la route mortels, Ma fille, ma bataille*, 2020.

- Richard Boni Ouorou, *Projet pour un Bénin démocratique. Une option gagnante pour sortir de la pauvreté et de la corruption*, 2020.

Tochéhou Sosthène Adeossi

Principes et valeurs pour une éducation démocratique des jeunes au Bénin

L'Harmattan

5-7, rue de l'École-Polytechnique, 75005 Paris

http://www.editions-harmattan.fr

ISBN : 978-2-343-22067-3
EAN : 9782343220673

Dédicace

Merci à tous mes enseignants, les camarades que j'ai côtoyés lors de mes différentes formations scolaires et universitaires; pour leur contribution à la réalisation de cet essai politique.

Merci également à certains amis proches, qui se reconnaissent pour leur générosité : leurs apports, commentaires et leur disponibilité ont grandement été appréciés.

Merci enfin à ma très chère épouse Diane J. Olory-Togbé pour son écoute, sa patience et son support moral. Un grand merci à mes parents et à mes enfants Darlene et Déliel qui m'ont toujours encouragé à ne pas m'arrêter en si bon chemin pour réaliser ce rêve que je caressais depuis bien des années.

Tochéhou Sosthène ADEOSSI.

Introduction

Après 60 années d'indépendance nominale la question du développement humain et authentique de notre pays est une préoccupation majeure qui ne doit plus laisser personne indifférent dans un pays comme le Bénin sous l'emprise de la corruption avec pour ferment l'impunité.

C'est dans la recherche des solutions idoines susceptibles de pallier ce fléau que nous avons pensé consacrer cet essai à la conscientisation de la couche juvénile qui représente plus de la moitié de la population selon les statistiques de l'INSAE en 2013[1], pour qu'elle sorte de sa léthargie pour ne plus être reléguée au second rôle, comme le prescrit ici le feu Président Jacques Chirac : « *La politique, ça ne consiste pas à suivre le courant, mais à indiquer le cap.* » C'est une opportunité qu'elle doit saisir si elle veut plus continuer à laisser aux mains de la vieille génération le monopole du développement pour jouer la partition qui est la sienne, celle d'être le fer de lance du développement authentique, humain et durable. Le développement de ce pays doit être de tous et non de quelques-uns. Comme le dit ce proverbe de chez nous : « **qui est silencieux sous l'arbre risque de recevoir la fiente des oiseaux sur la tête** ».

Nous avons le ferme espoir que cette tranche de la société reste et demeure la seule corde à l'arc de notre espérance pour le triomphe de ce serpent qui se mord la queue : la corruption et l'impunité dans notre pays. Thomas Sankara, dans une telle attente fait savoir : « *qu'une jeunesse mobilisée est dangereuse, une jeunesse mobilisée*

[1] https://www.insae-bj.org/statistiques/statistiques-demographiques Après plusieurs étapes de validation par le conseil scientifique de l'INSAE : Institut National, de la Statistique et d'Analyse Économique, le Conseil des Ministres en sa séance du jeudi 21 mai 2015 a adopté les résultats définitifs du RGPH 4 : Recensement Général de la Population et de l'Habitation.

est une puissance qui effraie même les bombes atomiques. »

Socrate se voulant plus rassurant affirme que « *Rien n'est trop difficile pour la jeunesse.* « Mieux, Kurt Cobain reste formel pour reconnaître que *« Le devoir de la jeunesse est de contester la corruption.* »

C'est dans cette même veine que Esther Jonhson a voulu rester pour apporter sa précieuse pierre à cet édifice dans cette exhortation : « *Encourager la jeunesse à s'instruire et à se cultiver, c'est bâtir une société meilleure.* »

Dans cet essai, un appel perpétuel vers le retour aux valeurs est fait dans le but de chercher à rendre le Bénin préférable. Ce travail est destiné avant tout à ces jeunes et aux premiers pédagogues de l'enfance, c'est-à-dire les parents. Ce livre est enfin destiné à toute personne voulant œuvrer comme actrice engagée à l'accomplissement d'un Bénin, d'une Afrique, et d'un monde plaisant, paisible, respectueux et solidaire.

Chapitre I
Notre parcours et engagement politique

> *« N'essayez pas de devenir un homme ou une femme qui a du succès, essayez de devenir un homme ou une femme qui a de la valeur »*
>
> Albert EINSTEIN

A. Mes modèles inspirants

Dans notre parcours (engagements politiques depuis le lycée Béhanzin et les Universités, bien des modèles nous inspirent en Afrique (N. Mandela, J. J. Rawlings…) et dans le monde, (W. Churchill, K. Adenauer, Mohamed Ali, Mao Tse Toung, Toni Morrison, Nina Simone, Mère Theresa, le Pape François, B. Obama.). Ces hommes et femmes constituent des exemples, des modèles exceptionnels, en un mot des phares pour nous. Ensuite, nous avons besoin de ces phares pour éclairer nos routes et orienter nos destins. Car, comme le dit si bien cet aphorisme béninois : « **on ne va pas à pied quand on possède une bonne monture »** Enfin, nous nous intéressons à eux car ils ont laissé, et laissent une trace durable dans l'Histoire, en donnant un sens au devenir du monde par leurs actes et comportements. Ils ou elles doivent nous inspirer, nous guider et nous illuminer quotidiennement.

a) Mon mea culpa

Tout en reconnaissant notre part de responsabilité dans la situation actuelle de notre pays, à travers ce livre, nous faisons notre mea culpa sur notre participation active, militante et partisane dans l'avènement du retour du Général Mathieu Kérékou au pouvoir en 1996. Jeune militant actif du parti Notre Cause Commune (NCC), nous avons participé au congrès du 3 au 5 novembre 1995 à

Porto-Novo, où le parti a sollicité, œuvré et désigné Mathieu Kérékou comme son candidat aux élections présidentielles de 1996. Notre rôle fut de poids en tant que secrétaire général du : *Comité National de Soutien des élèves à la candidature de Mathieu Kérékou* (CONASEK). Nous avions mobilisé les élèves avec la complicité de certains de nos enseignants dans différents établissements scolaires de Porto-Novo, Cotonou et Parakou, précisément pour animer la campagne présidentielle et voter surtout pour le retour aux affaires du Général Mathieu Kérékou en 1996. En parfaite harmonie et en collaboration de certains de nos enseignants avec leur Comité des Enseignants à la Candidature de Mathieu Kérékou dont le président était M. Vincent Avocètien.

Nous connaissons la suite… comme on le dit souvent chez nous : « ce n'est pas là où tu es tombé qu'il faut regarder, mais là où tu as trébuché ». Nous pensons sincèrement que c'est le retour du Général Mathieu Kérékou au pouvoir malgré ses autres qualités humaines qui a installé durablement un système politique libéral qui fait place au médiocre en lieu et place de l'excellence dans notre pays. Le cynisme, l'hypocrisie et les intrigues étaient présents, car il était impossible d'imaginer les valeurs contre nature qui ont pesé dans la balance pour un retour aux affaires de celui qui hier avait été renié par l'ensemble de la classe politique béninoise.

En effet, si le Président N. Soglo pur produit de la Conférence Nationale était perçu comme la peste, pourquoi pouvait-on pas considérer M. Kérékou comme le choléra ? Cette idée étant largement partagée, existe-il un choix possible entre ces deux maux ? Alors, les erreurs de gestion de la classe politique du Président N. Soglo justifiaient-elles substantiellement le retour de l'ancien Président Mathieu Kérékou ? Un tel marché de dupe impulsé par la vieille classe politique au gré de ses intérêts s'inscrivait-il dans un idéal démocratique ? Une analyse objective de la gouvernance de Patrice Talon ne peut être que la résultante logique des forfaitures du passé de la classe politique béninoise friande de compromissions et de transhumances de toutes sortes. Comme quoi « *le feu qui veut la mort de l'eau ne vivra pas longtemps* »

Au Bénin, nous avons parfois du génie pour gérer et trouver des solutions aux effets de nos problèmes et non aux causes : la référence à l'histoire politique de notre pays jusqu'à l'avènement de la conférence nationale des forces vives de 1990, et les alternances du pouvoir, semblent en être une parfaite illustration.

b) On ne s'improvise pas leader politique

Comme le précise ce proverbe béninois : « *un chat n'exerce point le commerce de poisson frit* ».

En tout état de cause, l'engagement politique est quelque chose de noble qui se cultive et s'apprend normalement. On ne s'improvise pas leader, encore moins défenseur d'un idéal politique, si l'on n'a pas les aptitudes idoines ou sans avoir été marqué, inspiré, par une figure politique remarquable durant son parcours ou même depuis son enfance : « *l'homme ne s'improvise pas* » fait savoir Ernest Renan. Ce n'est pas parce qu'on a acquis des connaissances livresques ou qu'on est détenteur de plusieurs diplômes dans un ou divers domaines qu'on a forcément les aptitudes, les talents et les compétences nécessaires à la bonne gestion de la chose publique. Lou Holtz à juste titre me fait lire ceci : « *les aptitudes sont ce que vous pouvez faire. La motivation détermine ce que vous faites. Votre attitude détermine votre degré de réussite* ». À la lumière des expériences, il ne suffit pas d'être docteur en économie, ingénieur, professeur d'université, chercheur, médecin, journaliste, avocat, fonctionnaire international, homme d'affaires et être des meilleurs, pour devenir de facto le messie que le peuple attendait pour le conduire vers des rivages de prospérité partagée et de bonheur collectif et individuel. Et ce, depuis l'époque platonicienne, la politique au sens athénien du terme, entendons l'art de diriger les hommes et de gérer la chose publique et la cité s'apprend. Un discours politique est normalement accompagné des actes concrets qui témoignent d'une crédibilité certaine et renforcent le but escompté : transformer, faire autrement la politique pour l'intérêt général. Amener les hommes et femmes à être fiers d'eux-mêmes au quotidien. En appliquant cette question de la plus haute importance au Bénin, nous constatons depuis l'indépendance nominale jusqu'à nos jours, que ceux ou celles qui ont la prétention de diriger ce pays accèdent au pouvoir sans avoir été convenablement préparés à cette charge somme toute difficile et absorbante qui exige des atouts spécifiques. Un proverbe de chez nous ne s'est pas trompé en reconnaissant qu'« *un morceau de bois a beau séjourner dans l'eau, il ne deviendra pas un caïman*»

B. Quelques exemples de quelques présidents béninois

a) Le cas du Président Boni Yayi

Sous ce rapport, c'est à juste titre qu'un jour Boni Yayi confessa avec une naïveté déconcertante mais en même temps sincère : « *je suis un intrus dans la maison* » Il y a de quoi faire sursauter, inquiéter et embarrasser par de pareilles déclarations d'un Chef d'État à qui son peuple a confié la gestion du pays. C'est comme un père de famille qui dit à ses enfants : « Mes enfants je suis votre papa, et j'en suis heureux, mais je ne connais pas mes rôles, et mes responsabilités, je ne sais même pas comment suis-je devenu votre père ». Ces enfants auront de véritables soucis, ils diront : ‘' Nous sommes perdus… comment allons-nous nous en sortir si notre prétendu géniteur ne sait pas ce qu'il faut faire avec nous dans cette maison ?''

En relisant les derniers propos du Président Boni Yayi prononcés au pouvoir, après le premier tour des élections présidentielles de 2016 pour mettre en garde les électeurs face à la coalition dite de ''rupture'' qui venait de se former pour battre son candidat Lionel Zinsou, on s'aperçoit une fois encore la personnalité et la psychologie de ce Président après 10 ans au pouvoir.

« *J'ai travaillé tout le temps pour que tout le peuple béninois tutoie le bien- être, mais hélas tout n'a pas été parfait, je le reconnais. Je le reconnais et pour ça, je vous demande pardon. Seulement, il est de ma responsabilité de vous prévenir du danger qui nous guette tous, le danger qui guette notre chère patrie. Cette coalition dite de « rupture » ne vient que pour rompre la cohésion nationale. Je le dis parce que je les connais tous. Je dis bien que je les connais tous puisqu'ils ont été tous mes collaborateurs ou partenaires. Qui ministres, qui premier ministre, qui opérateur économique. Je les connais tous. Je suis donc mieux placé pour vous parler d'eux. Tout ce que vous me reprochez aujourd'hui pour lequel j'ai l'humilité de vous demander pardon, ils en ont été les vrais acteurs. C'est d'ailleurs pour ça que j'ai dû me séparer d'eux. Le principal acteur aujourd'hui ment sur mon compte en disant que je lui ai parlé de révision de la Constitution aux fins de rester au pouvoir. Dieu m'est témoin. Jamais il n'a été question de cela. Mon unique péché aura été de lui retirer le biberon PVI de la bouche. Un biberon que par erreur, je lui ai remis avant de me rendre compte que lui seul allait y tirer 400 milliards pendant que le peuple souffre. Aujourd'hui, pour assouvir leur vengeance, ils ont été capables de s'associer à l'antéchrist pour désintégrer ce pays. Je le dis parce que tout le monde sait que le seul vrai Dieu est au ciel. Même notre patriarche Moïse n'a pu le voir. Dieu est Esprit et non chair. Mais la soif effrénée du pouvoir de vengeance les amène aujourd'hui à s'allier avec l'antéchrist pour attirer la colère de Dieu sur notre pays. Mon cœur saigne pour ce pays. Je vous demande d'ouvrir les yeux. Je vous demande de vous rappeler les dix années que nous venons de passer ensemble et de qui étaient mes collaborateurs. Rappelez-vous les raisons pour lesquelles je me suis séparé d'eux tous. La paix, la paix, la paix, il nous faut la préserver à tout prix et ça, c'est votre travail. Je compte sur vous tous pour conserver les acquis de notre démocratie. Je vous laisse à présent le Bénin, un Bénin que je veux gagnant. Je vous aime. Que Dieu le père céleste vous bénisse tous et bénisse le Bénin.* »

Voilà ces derniers propos pour mettre en garde selon lui le peuple béninois par rapport à ses anciens collaborateurs, ministres et partenaires qui se coalisent pour faire échouer son candidat Lionel Zinsou. Mais on se demande qui avait choisi ces collaborateurs, les amis d'hier ?

Dans ces conditions, nos dirigeants sont obligés de s'entourer des cadres, des compétences pour les éclairer dans leurs tâches et leurs responsabilités. Surtout ce mot '' responsabilité'' qui est très important signifie respecter et demeurer fidèle à ses engagements, même quand il est difficile d'assumer. Être fiable, afin que les gens puissent compter sur vous. Être responsable de ce que je dis et de ce que je fais. Mais ces collaborateurs du chef sont souvent malheureusement des courtisans, des béni-oui-oui, des dociles, des proches de la famille, amis d'enfance, beaux-parents, familles et alliés. Ce chef dépourvu des principes les plus élémentaires pour « gérer la cité » et la chose publique installe alors une cour constituée que de courtisans chantant ses louanges. N'entend-on pas souvent qu'il faut nommer des gens en qui on a confiance ? Ou bien simplement des adulateurs, louangeurs, laudateurs ou lèche-bottes qui sont nommés pas pour leurs compétences, mais parce qu'ils sont proches du Président ? Des gens qui l'ont soutenu pendant sa campagne présidentielle etc. Résultats : ces collaborateurs deviennent des griots, des arrivistes, des courtisans qui ne peuvent pas dire non au chef quand le ''oui'' n'est pas possible ou n'est plus possible.

b) Le cas du Président Mathieu Kérékou

On se rappelle les propos du Général-Président feu Mathieu Kérékou quand il revenait au pouvoir en 1996 : « *Si vous êtes prêts, moi aussi je suis prêt.* » Encore un autre aveu d'irresponsabilité, du manque de sérieux, de l'approximation et de l'improvisation de ce chef qui, pourtant, était vénéré par la quasi-totalité de la classe politique béninoise.

Il nous paraît toutefois loisible de manifester une reconnaissance et un témoignage à certaines figures emblématiques qui nonobstant la culture de la jungle politique généralisée méritent considération.

C. Hommage à quelques personnalités béninoises

Nous tenons ici, à rendre hommage à certains bâtisseurs et personnalités béninoises qui font la fierté de leur patrie à l'intérieur comme à l'extérieur du pays.

Il nous semble pertinent de noter qu'ils sont rares, ces hommes et ces femmes qui marquent leur siècle. Ils sont plus rares encore, ceux ou celles dont les actes et œuvres marquent, éveillent les consciences humaines et l'histoire d'un pays et qui émeuvent de par leur courage et leur détermination.

Nous gardons toujours en mémoire cette phrase de Margaret Mead « *Ne doutons jamais qu'un petit groupe d'individus conscients et engagés puisse changer le monde. C'est même de cette façon que cela s'est toujours produit.* ». Cela nous amène à rendre hommage à ces hommes et femmes vaillants qui constituent des modèles inspirants pour nous et nous donnent l'espoir que tout n'est pas perdu dans notre pays, au contraire… Les pratiques et actes de ces hommes et femmes inspirent au jour le jour, fortifient et transforment vers le meilleur de soi- même.

a) À l'intérieur du Bénin

- Nos vaillants et intègres paysans.
- Certains enseignants à tous les niveaux (surtout à nos anciens maîtres (M. Louis Hounkanry, à l'École primaire Adèlakoun à Porto-Novo, le directeur d'école primaire Adélakoun groupe A le feu M. Ferdinand Abissi ; nos professeurs au lycée Béhanzin, notre professeur d'allemand le feu légendaire Gaglozoun Goras, notre professeur d'histoire et géographie l'encyclopédie Feu M. Aubin Hounsinou, notre professeur d'anglais le révolutionnaire authentique M. Ladany, notre professeur de français Madame KinKingninhou Marthe l'amazone et très attachante qui nous ramène toujours à l'ordre. Et nos professeurs de philosophie, Gervais Kissèzounnon et Paul Coovi Abitan pour leurs précieux conseils de vie au- delà de l'enseignement de leur matière.
- À l'université d'Abomey- calavi à la FASJEP le respectable juriste Professeur Sossa Dorothèe, un autre révolutionnaire authentique et très attachant, humain le grand juriste de droit public Phillipe Noudjènoumè. Sans oublier le professeur Émilien d'Almeida qui nous expliquait passionnément dans son cours les sujets complexes des droits de l'homme dans le monde.
- Au département d'histoire à la FLASH les professeurs Adandé Joseph, Anignikin Sylvain et Emmanuel Tiando qui m'ont marqué positivement. En France, mon professeur de science administrative M. Jacques Chevallier qui nous expliquait avec passion le sens de l'État et de l'intérêt général lors de ma formation en

science politique à l'Université Panthéon-Assas en 2002. Notre directeur de mémoire en DEA, en communication politique « Pouvoir, Discours, Société » M. Pierre Fiala à l'Université de Paris XII Val de Marne qui incarnait à mes yeux l'humilité et l'accessibilité d'un scientifique envers un étudiant étranger, un sens profond d'humanité chez ce grand Monsieur. M. Marcel Pariat directeur de notre master professionnel : « Conduite de projet et management des organisations internationales » toujours à l'Université de Paris XII. Celui-ci nous a fait découvrir et aimer Haïti ; lors de nos 6 mois de stage en 2008 dans la municipalité de Port-au-Prince et de Pignon au nord de ce beau. Un pays très proche historiquement et culturellement du Bénin. Et enfin, John Jairo Marin Tamayo, professeur agrégé de l'éducation religieuse à l'École des sciences de l'éducation à l'Université de Laurentienne en Ontario au Canada. Un monsieur très humain et attachant avec qui j'aimais échanger passionnément sur des sujets de société occidentale, notamment canadienne, lors de ma formation d'enseignant et nous sommes devenus par la suite des amis. Tous ces messieurs et dames au-delà de leur enseignement, m'ont inculqué des valeurs et principes : respect, loyauté, dignité, résilience, empathie qui me guident quotidiennement et je ne cesserai de les remercier de les avoir eus et rencontrés comme formateurs d'humain et m'ont enseigné aussi le sens d'engagement et du patriotisme.

- **Nos « bonnes femmes » du marché**
- Certains syndicalistes et membres de la société civile…
- Certains juges et avocats (surtout l'ancien Président des magistrats M. Michel Adjaka de l'Unamab, Célestin Kponnon un autre juge téméraire, et courageux qui n'a pas hésité à lancer un mandat d'arrêt contre le richissime

homme d'affaires Séfou Fagbohoun qui avait été en cavale fin juillet 2017. Qui pouvait imaginer cela il y a 20 ans ? Leur combat pour plus de justice dans notre pays mérite d'être loué.

- Certains journalistes qui jouent leur partition avec intégrité. En l'occurrence Jérôme Carlos, directeur radio Cap fm, les journalistes de la chaîne SIKKA TV notamment le journaliste Joël Yétondji avec son émission « 100% Bénin », Casimir Kpédjo et de Radio Soleil FM Virgile Ahouansè , du Quotidien '' La Nouvelle Tribune'' son directeur de publication Vincent Folly et son assistant Marcel Zounmènou, de l'ORTB, du Canal 3 et du Golf Fm ; les vaillants syndicalistes Dieudonné Lokossou, Paul Iko, Laurent Metognon en prison actuellement pour son combat contre la corruption et la bonne gouvernance dans notre pays. Le frère Hounvi avec ses chroniques hebdomadaires pour conscientiser le peuple Béninois et dénoncer parfois les dérives du régime Talon. L'ex-candidat aux élections présidentielles de 2016 M. Bertin Koovi le seul des candidats courageux ayant demandé de voter Lionel Zinsou au second tour disant : « Je préfère mourir avec mes convictions… si vous aimez notre pays aller voter pour Lionel Zinsou… »[2], Éric Houndété, Valentin Djènountin Agossou, le plus jeune ancien député de la 5ème mandature Guy Mitokpé, pour ne citer que ceux-là.

- Les artistes engagés feu Tohon Stan, Sagbohan Danialou, Don Metok.

[2] https://www.youtube.com/watch?v=Gupb0wivKnU : « DR BERTIN KOOVI - AU NOM DU BENIN JE NE ME TAIRAI POINT - CONFERENCE DE PRESSE » le 17 mars 2016.

b) À l'extérieur du Bénin

- Notre ambassadrice légendaire Angélique KIDJO femme de conviction et d'engagement désintéressé
- Hervé Djimon HOUNSOU cinéaste à Hollywood.

Il nous faut œuvrer, chacun à sa manière, en observant, en voyant méthodiquement le comportement des uns et des autres, surtout ceux ou celles qui prétendent ou qui souhaitent nous diriger. Leur manière d'être, de faire, leur parcours, et surtout les valeurs que ces hommes et femmes épousent dans leur vie quotidienne, sont des facteurs qu'il incombe à tous d'observer avant de leur confier les destinées de notre pays. Afin de dénicher désormais ces perles rares qui seront comme l'explique bien Martin Luther King, « *des hommes inspirés par l'amour du prochain (reconstruisaient) ce qu'ont détruit des hommes inspirés par l'amour de soi* »

Chapitre II
Des valeurs pour les ados béninois d'aujourd'hui

« La vie ressemble à un conte ; ce qui importe, ce n'est pas sa longueur, mais sa valeur »

Sénèque

A. Pourquoi des valeurs, et pourquoi précisément aux adolescents béninois ?

a) Le constat de l'échec de nos aînés

Nous faisons le constat que nos ainés ont échoué dans l'édification d'une Nation prospère et le développement authentique du pays pour le grand nombre. Afin de ne pas rester uniquement sur le seul constat d'échec et des dénonciations de leurs actes, comportements et compromissions illustrés dans les journaux et d'autres livres ; il est urgent, voire salutaire, de proposer une autre manière d'être et de vivre pour être utile à soi-même et aux autres. Ainsi pour paraphraser Albert Camus qui disait à propos de la situation de la France après la guerre d'Algérie : « *nous devons élever ce pays en élevant nos langages* ». Nous disons plutôt nous devons élever le Bénin en élevant au-delà de nos langages surtout élever nos comportements, nos esprits et nos actes de tous les jours. Nous devons aussi faire en sorte de ne plus considérer les propos, les commérages de nos politiciens car le qu'en-dira-t-on n'est pas l'essentiel, mais regardez plutôt leurs faits.

Les seuls discours et messages, écrits ou parlés, ne suffisent pas, sinon plus pour obtenir le résultat. Il faut surtout l'exemplarité ; la cohérence entre le discours et les actes est aujourd'hui plus que jamais indispensable. C'est ce qu'explique d'ailleurs très bien le Dalaï-Lama : « *Si tu veux connaître quelqu'un n'écoute pas ce qu'il dit, mais regarde ce qu'il fait* » Dans les déclarations de la plupart de nos politiciens et dirigeants, il y a souvent de la mauvaise foi. Et la mauvaise foi, c'est lorsqu'on sait très bien que qu'une chose relève du mensonge mais qu'on la présente aux autres comme la vérité. Un amer constat qui donne raison à Jean-Jacques Rousseau dans sa manière caricaturale de l'être humain quand il disait : « *Pour connaître les hommes il faut les voir agir. Dans le monde on entend parler ; ils montrent leurs discours et cachent leurs actions : mais l'histoire elles sont dévoilées, et on les juge sur les faits. Leurs propos même aident à les apprécier ; car comparant ce qu'ils font à ce qu'ils disent, on voit à la fois ce qu'ils sont ce qu'ils veulent paraître : plus ils se déguisent, mieux on les connait* »

Il en est ainsi de presque toutes les déclarations des acteurs politiques béninois pendant les campagnes, les joutes électorales et une fois aussi aux affaires.

B. L'adolescence dans une vie : une étape importante pour la suite

Nous avons décidé dans le dernier chapitre de notre essai politique de nous adresser aux adolescents béninois. Ce n'est pas une posture moralisante envers eux de notre part. Car l'adolescence est une étape d'émerveillement dans la vie, une étape d'innocence, d'insouciance, et de tous rêves. En outre, André Maurois n'écrivait-il pas à juste titre : « l'adolescence, c'est le temps des confidences et des secrets et le temps aussi des premières déceptions ». Tout juste en quittant la période de l'enfance, l'adolescence est comme une éponge qui absorbe tout. Une période de curiosité folle où tout se joue pendant ce moment et souvent pour le reste de la vie. La curiosité est une jolie qualité humaine qu'il est toujours bon de cultiver à tout âge, notamment depuis l'adolescence. Mohand Habschi exhorte ainsi les ados : « *N'arrêtez jamais de vous poser des questions, d'être curieux. Le monde entier vous appartient. Nous sommes-là pour découvrir, apprendre, enquêter et inventer.* » Et le grand savant Albert Einstein de conclure : « *Je n'ai pas de talent particulier. Je suis passionnément curieux* ».

En nous adressant aux ados béninois, nous prenons le risque de cibler une couche de notre population qui est encore innocente, vierge et symbole de l'espérance. Elle porte l'ossature du présent et l'armature de l'avenir. Justement, dans quel Bénin de demain rêve-t-elle de vivre et de s'épanouir en réalisant ses rêves d'ado ? C'est ici et maintenant qu'il faut se doter des valeurs et principes solides, ensuite se les approprier pour accomplir ses rêves dans le respect de l'autre et dans une réussite collective. Nous pensons que l'adolescence est l'une des étapes les plus importantes non seulement de la vie d'une personne en tant qu'individu, mais aussi de l'humanité en tant qu'espèce.

Le rôle des adolescents dans le processus évolutif des humains est celui de tout remettre en question et d'essayer de nouvelles façons de faire les choses. L'adolescence est pour ainsi dire, un beau mélange des moments merveilleux et d'aspects préoccupants de notre vie. Et il semble évident que les jeunes qui passent par cette étape ont besoin de l'accompagnement et de la confiance des adultes autour d'eux pour mieux les préparer à affronter la vie réelle. L'adolescence, un âge où beaucoup de choses sont bouleversées avec de nécessaires remises en question des parents, un âge où chacun devra faire en sorte de devenir « un adulte » digne de ce nom, parents y compris.

Reprenant une phrase de Winnicot, « *Vous avez semé un enfant, à l'adolescence vous avez récolté une bombe* ». Certes, on note des changements et les clés qui permettront à l'adolescent de rejoindre le monde des adultes avec cette question cruciale qu'il devra se poser et à laquelle il devra répondre : « *J'en veux de la vie ou pas ?* »

C. La nécessité des valeurs aux ados béninois

@ ADO BÉNINOIS : OSE LES VALEURS

Il faut à 20 ans, avoir été dans une immense exigence pour, devenu vieux, avoir quelque chance de constater qu'on n'a fait encore que peu de choses (J. GUEHENNO)

L'adolescence est l'âge des ambitions et des décisions, en vue de la construction de la personnalité. Elle a donc besoin de matériaux de bonne facture pour une meilleure efficience. Celle-ci est déterminée par les valeurs. La définition des valeurs est donc particulièrement importante pour toi, jeune, au regard de ton âge où l'on veut tout et tout de suite. Sans les valeurs, ton bel âge porté par l'enthousiasme s'effiloche, s'effrite et s'abîme. Et dans le monde actuel, les valeurs se présentent alors comme compléments ou suppléments au manque d'expériences ou mieux, comme critères de choix et d'action. Ainsi, au regard aussi de la modernité que de la tradition, nous voudrions indiquer aux adolescents de notre pays quelques valeurs capables d'accompagner la générosité et l'engagement de leur vie. Et de ce point de vue cinq éléments nous paraissent essentiels à savoir : vérité, conscience, volonté, liberté, amour.

□ **La vérité** : l'homme est un être pour la vérité. Personne ne supporte être victime de mensonge. Même celui qui ment exige de l'autre le devoir de vérité. La quête de la vérité se présente donc comme réponse à la quête de sens.

L'ado déterminé par un sens aigu d'authenticité, est sensible à l'exigence de vérité. Il se révolte quand il découvre avoir été trompé. Il a aussi particulièrement besoin de vérité, surtout par rapport au projet de construction de sa vie.

Ado, garde en permanence ce sens de la vérité qui détermine à un moment donné toute une vie, même si de plus en plus, la vérité est en exil dans nos sociétés où chacun revendique avoir sa vérité.

Autant la majorité n'est pas automatiquement critère de vérité, autant l'argument d'autorité n'est indice absolu de vérité. La vérité nécessite un long cheminement.

□ **La conscience** : elle est la voix intérieure en tout homme. Jugement de raison qui permet d'établir la moralité d'un acte, elle indique la voie à suivre. Elle rappelle sans cesse : « fais le bien ; évite le mal ». Jean Jacques ROUSSEAU affirme dans son ouvrage *Emile ou de l'éducation* « *Qu'il est donc au fond des âmes un principe inné de justice et de vertu, sur lequel, malgré nos propres maximes, nous jugeons nos actions et celles d'autrui comme bonnes ou mauvaises, et c'est à ce principe que je donne le nom de conscience (...). Conscience ! Conscience ! Instinct, divin, immortelle et céleste voix, guide assuré d'un être ignorant et borné, mais intelligent et libre ; juge infaillible du bien et du mal, qui rend l'homme semblable à Dieu, c'est toi qui fait l'excellence de sa nature et la moralité de ses actions ; sans toi je ne sens rien en moi qui m'élève au-dessus des bêtes* ». Mais ce n'est pas assez que ce guide existe, il faut savoir le reconnaître et le suivre. La conscience est le sanctuaire où Dieu est présent dans le cœur de l'homme.

Ado, veux-tu combattre pour la vérité, la justice et la dignité ? Sois un homme ou une femme de conscience. Écoute la voix de ta conscience. Forme ta conscience. Et surtout ne laisse personne devenir ta conscience comme Goering qui déclarait : « *Je n'ai pas de conscience ! Ma conscience s'appelle Adolf Hitler* ». Rien de tragiquement plus bas et de honteusement plus humiliant ne peut advenir à un homme ou une femme, surtout à un jeune ou une jeune si sa conscience est liée et déterminée par un autre être humain.

□ **La volonté** : la générosité définit généralement le cœur de l'ado ; celui-ci est naturellement volontaire. Il est un homme ou une femme de volonté, qui aime à exprimer sa volonté. Il veut d'ailleurs beaucoup de choses à la fois, et cela peut l'ensevelir dans la dispersion et brûler ses énergies. Quelquefois, il ressemble à l'âne de Buridan, mort par esprit d'indécision, entre le foin et l'eau, ne sachant pas où commencer.

Dans la réalisation de toute vie, des obstacles se dressent. Mais au Bénin, ils sont nombreux ; des obstacles physiques aux obstacles métaphysiques, des obstacles évidents aux obstacles occultes. La peur empêche de créer et d'évoluer. Et les plus grandes victimes de la terreur de la peur, ce sont les ados et jeunes, forces vives de la nation. Face à toutes les pressions, ils sont découragés et finissent par s'habituer à l'accoutumance qui consiste à se dire que « chercher à changer quelque chose n'a pas de sens, que nous ne pouvons rien à cette situation, qu'il en a toujours été ainsi et que nous avons survécu malgré cela ». Une telle pensée tue l'enthousiasme qui détermine le cœur du jeune. Alors que ce dernier doit être conscient que la volonté est toujours supérieure à la réalité et rien ne résiste à la volonté. Et Jacques Salamé d'insister : «la porte du changement ne peut s'ouvrir que de l'intérieur ». La volonté est donc importante pour achever les œuvres jugées impossibles qu'il faut essayer et tu verras qu'elles n'étaient pas si compliquées. La plupart des barrières ou obstacles qui te séparent souvent de tes objectifs sont psychologiques ; c'est seulement en avançant que tu les franchiras. Emile Chartier dit Alain dans les idées et les âges disait que : « *Quand les grimpeurs observent de loin la montagne, tout est obstacle ; c'est en avançant qu'ils trouvent des passages. Mais ils n'avanceraient point s'ils n'espéraient de leur propre foi (...). Essayer avec l'idée que la route est barrée, ce n'est pas essayer. Décider d'avance que les choses feront obstacle au vouloir ce n'est pas vouloir.* »

Que de beaux projets commencés sans être parvenus à la fin ! La culture du zapping fait aussi ses victimes ! Savoir commencer et savoir terminer sont l'expression de la qualité d'une volonté qui sait orienter la liberté.

□ **La liberté** : s'il est un mot qui exerce un attrait magnétique sur l'adolescence, la jeunesse et que celle-ci utilise comme une recette magique, c'est bien la liberté. L'homme est effectivement un être libre. Et l'ado ou le jeune veut être libre. Il veut jouir de sa liberté. Il la revendique souvent.

Mais il faut noter qu'une liberté à tout faire s'installe nécessairement dans une subversion morale et une extraversion de la dignité humaine. N'ayant pas la faculté de décider du bien et du mal, la liberté n'atteint réellement sa complétude qu'en termes de valeur. La liberté est en lien avec la vérité et la conscience. Elle porte au sens du devoir et ne peut se concevoir sans la conscience de la responsabilité. C'est la responsabilité qui fait du jeune un être mûr. Au jeune incapable de sens de responsabilité, on ne peut ni se fier ni rien confier. Ose donc la liberté en te libérant de tout ce par quoi tu t'enchaînes. Être libre, c'est vivre comme homme, ou femme dans la vérité de son être.

□ **L'amour** : il est le grand bien de la vie. Le jeune en savoure les divers stades par le bonheur de la camaraderie, les joies de l'amitié et les secrets de l'intimité.

L'amour est une grande force pour la vie : l'amour vainc toutes choses et nous cédons à l'amour. Comme éros, il est une passion à bien canaliser. C'est toute la personne qui aime passionnément, non seulement l'âme ou le corps. « L'éros rabaissé simplement au sexe devient une marchandise, une simple chose que l'on peut acheter et vendre ; plus encore, l'homme devient une marchandise…

L'apparente exaltation du corps peut bien vite se transformer en haine envers la corporéité ».

L'amour peut aussi se comprendre comme extase, non dans le sens d'ivresse pure mais comme chemin qui appelle une sortie de soi. Il faut sortir de soi pour aller vers l'autre. L'amour est donc aussi agape, don de soi. L'amour promet l'infini, l'éternité : il contient l'exigence de fidélité comme confiance, foi, défi. Mais l'amour, mal ficelé, déstructure et abîme la vie.

Ton cœur d'ado ou de jeune est capable de don : tu peux donc être l'agent principal pour la création d'une civilisation d'amour qui établit les ponts et abaisse les murs, qui préfère le dialogue à l'enfermement. Du jeune béninois, il est attendu la capacité d'irriguer par le don de l'amour (qui est élan et don), les pesanteurs du vivre-ensemble et de nos développements qui ont pour noms la haine, l'hypocrisie, les rancœurs et les ressentiments dus à des traditions de haines, le nivellement par le bas, le régionalisme ou l'ethnicisme. Le problème béninois n'est pas d'abord dû à un manque de moyens, il relève essentiellement d'un déficit humain.

« *Dans les choses douteuses, la liberté*
Dans les choses nécessaires, l'unité
En toute chose, la charité ». (St Augustin)

ADO BENINOIS, OSE : LE TEMPS ET L'ÉTAT POUR L'AUDACE.

□ De toute vie, l'adolescence constitue un temps et un état tout autant décisifs. Symbole de l'espérance, elle porte l'ossature du présent et l'armature de l'avenir. Les ados sont ainsi par nature, sentinelles et guetteurs d'un monde qui s'éveille.

□ Tout le monde compte sur l'adolescence ; paradoxalement sauf elle-même, pas assez souvent consciente de ses potentialités et responsabilités.

□ L'adolescence est plus qu'une étape. Insérée dans le présent et tendue vers l'avenir, elle transcende l'âge. Blaise Pascal indiquait alors que « nous naissons vieillards et ratatinés. L'existence nous est donnée pour apprendre à mourir jeune, debout au travail ». Il y a donc des jeunes surtout des ados selon l'âge mais déjà bien ankylosés dans l'âme. En revanche, il y a des anciens demeurés jeunes ou ados dans le cœur et l'âme : « Un homme n'est vieux que lorsque les regrets ont pris chez lui la place des rêves ».

□ Être ado, c'est devenir un être d'émerveillement. Sans l'émerveillement, tu t'abîmes dans l'accoutumance. Au nom de l'émerveillement qui s'active autour du goût des valeurs, tu es capable d'indignation face à la promotion des contre-valeurs et des non-valeurs. Être un authentique ado, c'est savoir s'émerveiller et aussi s'indigner. Tu es ado, émerveille-toi alors. Tu es jeune, indigne-toi donc.

□ La vie a un sens. La vie est un sens. Et quand les ados ne se posent plus de questions, ils cessent d'être des ados. Ces questions que tu portes toi aussi se déclinent ainsi : « la vie a-t-elle un sens ? », « Ma vie a-t-elle un sens ? », « D'où viens-je ? », « Où vais-je ? »

□ Le Bénin courbaturé par la misère, la méfiance et le doute sur son propre avenir a besoin de toi et de ton potentiel d'enthousiasme.

□ Sans les ados, le monde sombre dans le désespoir. Le cœur du monde bat toujours. L'adolescence est ce cœur. Mais quand les ados devenus jeunes eux-mêmes sombrent dans le désespoir et la résignation, c'est la désolation qui s'exprime par la tentation de l'abandon ou de la fuite d'une part, le recours aux idoles de la haine, de l'alcool, de la drogue, de l'indifférence et de la passivité d'autre part.

□ Aux ados d'aujourd'hui, convient essentiellement l'audace. Aujourd'hui, plus qu'hier, le Bénin, a besoin des ados audacieux, c'est-à-dire des ados devenus jeunes qui, non seulement prévoient l'avenir, mais surtout s'engagent à le rendre possible dans le présent, à partir du passé ; des jeunes plus conscients de s'émanciper et de se créer un avenir radieux que de réaliser des jeunes portés par un idéal élevé et non abîmés par des idéologies. Le Bénin compte alors sur toi.

ADO BENINOIS : OSE ACCEPTER TON IDENTITÉ.

□ La rencontre de l'Afrique avec l'autre a été exceptionnellement violente ; elle a généré des traumatismes qui ont imprimé « des stigmates dans la conscience collective des Africains, secrétant divers complexes comme le sentiment de méfiance, le complexe d'infériorité et d'incapacité, doublé d'une mentalité servile et surtout un complexe de peur qui déstructure. Un peuple qui vit dans la peur ne peut pas créer ».

□ Plus préoccupé de sa survie que de bâtir une civilisation, le jeune africain fuit tout le temps. Il fuit encore. Cette fuite implique la paralysie de l'imagination et de la créativité.

□ Mais le plus grand drame, c'est que le mal subi est intériorisé et médiatisé désormais par les Africains eux-mêmes.

□ Mais l'Afrique, continent appauvri pour et par ses habitants, est plutôt une terre de promesse et de prospérité, depuis toujours pour les autres. Voici l'état du continent dont tu es fils et fille et dont l'histoire se décline, sous angles quasi- identiques, un peu partout. Que peux-tu faire, en effet en tant qu'ado ou jeune ?

□ Faudrait-il t'enfermer dans une logique de victimisation, en justifiant tous les déboires africains par la faute des autres ? Non. Cette logique conduit à la culpabilité qui contraint l'Europe et les Etats-Unis à intervenir pour « réparer leurs torts » ; une culpabilité qui permet dans le même temps aux dirigeants africains de s'abriter derrière une puérile argutie : « ce n'est pas moi », fuyant ainsi leurs responsabilités.

□ Faudrait-il que tu chantes comme les premiers grands intellectuels africains la beauté et la grandeur de la civilisation africaine ? A-t-elle pour autant réglé les problèmes ? Non, « *le tigre ne proclame pas sa tigritude, il bondit sur sa proie et la dévore* », répliquait Wolé SOYINKA. Elle a d'ailleurs, par endroits, conduit à des excès.

□ Faudrait-il te révolter en réécrivant pour aujourd'hui un discours sur le colonialisme ou l'Afrique révoltée ? Ou serais-tu tenté d'emprunter le chemin de grands Africains nationalistes comme Thomas Sankara, Patrice Lumumba, qui conscients du drame de leurs peuples, ont comme ils le pouvaient et aussi avec leurs limites, rêvé d'une autre Afrique ? Mais ils ont été assassinés par leurs propres frères sous l'instigation des puissances étrangères. Un homme de fortune comme Nelson Mandela a connu la prison pour 27 ans.

□ Mais, alors faudrait-il te contenter des lamentations qui finissent par dissuader l'action par la résignation ou l'accoutumance ? Non ! Il vaut mieux assumer cette tragique histoire pour la sauver.

□ Cette assomption commence par la connaissance de cette histoire. Nous avons besoin d'une réappropriation de notre histoire, par endroits falsifiée, parce que souvent écrite sous le prisme d'idéologie des autres.

□ Paradoxalement, la plupart des jeunes ou des intellectuels africains ne paraissent pas fiers de leurs cultures, et ceux qui les défendent le font par idéologie, sans le regard critique nécessaire.

□ Le mépris pour nos cultures pousse à la quête permanente d'une identité d'emprunt comme axe de développement. Le développement authentique ne peut advenir à ce prix.

□ La prise de conscience de l'aventure ambiguë ou des pièges sans fin dans lequel est enchevêtrée l'Afrique doit désormais déterminer ton âme, et mettre en spasme ton cœur. Elle t'impose des devoirs historiques à assumer, sans peur mais avec détermination sans violence mais avec foi.

□ « *L'histoire est une source qui doit nous servir non seulement pour nous y mirer et nous y reconnaître, mais pour nous y abreuver et y reprendre des forces pour aller de l'avant dans la caravane humaine du progrès.* » (J. KI-ZERBO).

Une civilisation qui s'avère incapable de résoudre les problèmes que suscite son fonctionnement est une civilisation décadente.

Une civilisation qui choisit de fermer les yeux à ses problèmes les plus cruciaux est une civilisation atteinte.

Une civilisation qui ruse avec ses principes est une civilisation moribonde. (A. CESAIRE, Discours sur le colonialisme).

ADO BENINOIS : OSE LE GOÛT DU TRAVAIL ET DE LA MÉTHODE.

« *C'est par le travail qu'on règne.* » (Louis XIV)

□ Les ados ou jeunes constituent les forces vives, indispensables pour le développement dont l'avènement dépend du travail.

□ Au sein du peuple, ceux qui devraient être sensibles aux défis, de nos jours nombreux et multiformes, ce sont eux. Malheureusement, plusieurs se comportent comme des gamins qui s'interpellent le long des routes : « nous avons joué de la flûte, et vous n'avez pas dansé. Nous avons changé des lamentations, et vous n'avez pas pleuré ». Jeune ou ado béninois, les défis t'imposent de travailler au lieu de danser. Le réconfort mérité ne vient qu'après l'effort. La victoire est au bout de l'effort. Le travail opiniâtre vient à

bout de tout. Une civilisation ne se construit pas seulement par la danse, les fêtes et les plaisirs.

Il est très important pour un ado de savoir qu'il n'y a pas de sot métier, il n'y a que de sottes gens.

□ L'odyssée de l'histoire constitue pour les Africains une raison majeure pour une mystique incisive du travail : « *il faut en demander aux nègres plus qu'aux autres : plus de travail, plus de foi, plus d'enthousiasme, un pas un autre pas, encore un autre pas et tenir gagné chaque pas : c'est d'une remontée jamais vue que je parle, Messieurs, et malheur à celui dont le pied flanche* » (A. CESAIRE, la Tragédie du roi Christophe).

□ La mystique du travail est une étape importante pour le développement : « *Le travail ! Et après le travail l'indépendance, mon enfant ! N'être à charge de personne, telle doit être la devise de notre génération* » (B. DADIE)

□ Feu le professeur Albert TEVOEDJRE concluait son rapport de la Conférence Nationale des Forces Vives de la Nation (Bénin), par cette interpellation : « *Au travail, mes amis, nous avons vaincu la fatalité* ». Par le travail, se vainc la fatalité. Le travail éloigne de nous trois grands maux : « *l'ennui, le besoin et le vice* » (VOLTAIRE).

□ Serait-il vraiment juste de soutenir que le Béninois, en général, ne travaille pas assez ? Mais que dire, en fait, en imaginant le dévouement de certains au travail, alors que d'autres s'engraissent dans l'oisiveté dans les bureaux douillets des administrations privées ou publiques ?

□ Jeune béninois, laisse-toi émouvoir par ces situations. Et donne-leur une réponse par l'application à tes différentes tâches ; c'est déjà un moyen à ta disposition pour améliorer le sort de ton pays. Des Béninois travaillent dur et beaucoup, mais les choses ne s'améliorent toujours pas. Ne serait-ce pas par défaut de méthodes ? Travailler avec méthode, c'est réussir.

□ La qualité du travail comme des études requiert la méthode. Celle-ci permet d'obtenir le maximum avec le minimum. La méthode peut donc être assimilée à ce levier que demandait Archimède pour soulever le monde. Il faut juste un point d'appui pour soulever le Bénin : tu peux le chercher, le trouver ou l'inventer. Une bonne méthode te permet de donner le meilleur de toi-même. Elle s'acquiert par la connaissance de soi et la détermination de ses objectifs et se maintient par les grandes motivations.

□ Le travail avec méthode requiert la gestion rationnelle du temps. Sur le cadran solaire de la prestigieuse université d'Oxford sont imprimées ces paroles graves : pereunt et impuntantur : les heures s'en vont et nous en rendrons compte. Le temps n'est pas seulement une limite mais plutôt une grâce : « *les minutes, mortel folâtre, sont des gangues qu'il ne faut pas lâcher sans en extraire l'or* ! », avait écrit Charles Baudelaire.

□ Jeune, tu as une vie à construire : tu devrais être plus conscient que quiconque de la valeur du temps : le temps perdu ne se rattrape jamais. « *Vous ne pouvez échapper à la responsabilité de demain en l'évitant aujourd'hui* » prévient Abraham Lincoln. Engage-toi donc à sauver le temps, en détresse, en crise et à l'agonie, particulièrement chez nous au Bénin et surtout auprès de la jeunesse. Le salut du temps nécessite l'élaboration d'un programme où chaque chose a son temps (ce qui qui nécessite la précision des priorités par la préférence de l'utile à l'agréable, et de l'indispensable par rapport au nécessaire), la réalisation d'une chose à la fois, le don de soi à une seule œuvre en un moment donné.

□ La mise en valeur des temps libres est une mine d'or : une minute perdue par jour engendre trente minutes de perdues par mois, ce qui équivaut à une perte de six heures par an. De grandes œuvres peuvent se réaliser, même avec de petites minutes, minutieusement utilisées. Comme si ces

paroles de Soljenitsyne étaient particulièrement destinées à toi : « *Si tu ne sais user de la minute, tu perdras l'heure, le jour et toute la vie. La revanche de celui qui meurt jeune est de rester jeune dans la mémoire des hommes, la revanche de celui qui s'est consumé dans une grande flamme avant de mourir, c'est de resplendir éternellement. Le talent suffit mieux que la médiocrité à comprendre et à accepter la mort et pourtant à mourir, le talent perd beaucoup plus que la médiocrité. La médiocrité exige de vivre longtemps quoiqu'on sache depuis Epicure qu'un imbécile n'aurait que faire d'une éternité* ».

□ Le succès nécessite la persévérance : la goutte d'eau finit par percer la pierre en la frappant au même endroit. De nombreuses belles œuvres initiées sont laissées en friche. Savoir finir un travail entamé est gage de réussite. Assez de chantiers, ambitieux et prestigieux, ouverts, mais jamais finis ! Savoir finir est une qualité que comme jeune, tu devrais cultiver, surtout du fait de ton insouciance naturelle et de l'inconstance de ton âge, soumis par ailleurs à la dictature du zapping. La constance et la persévérance expriment la maturité d'une vie. Le temps accordé à une œuvre fait la grandeur de celle-ci. C'est le temps que tu as perdu pour ta rose qui fait ta rose si importante.

□ Ton travail vaut, non par sa description ou sa forme, mais par la détermination avec laquelle tu le réalises. Tu connais l'adage, « *il n'y a pas de sot métier* » ou travail. Ce qui mérite d'être fait mérite d'être bien fait. L'important est que tu donnes le meilleur de toi-même à toute œuvre à laquelle tu t'engages.

□ « *Si un homme est capable d'écrire un meilleur livre, de prêcher un meilleur sermon ou de faire une meilleure sourcière que son voisin, même s'il construit sa maison dans le bois, le monde tracera un sentier jusqu'à sa porte* » (Ralph Waldo Emerson).

ADO BENINOIS : OSE T'ENGAGER QUAND LE DEVOIR T'APPELLE.

« *Si l'on n'est que mille, eh bien, j'en suis ! Si même,*
Ils ne sont plus que cent, je brave encore Sylla ;
S'il en demeure dix, je serai le dixième ;
Et s'il n'en reste qu'un, je serai celui-là ! » (V. HUGO, Ultima Verba, XVII).

□ Ado ou Jeune, tu disposes d'un énorme potentiel de détermination. Ce potentiel ne peut ouvrir les chemins de l'avenir sans un généreux engagement pour les grandes et nobles causes, et la disponibilité, parfois, à tenir la place de tous et même face à tous. L'engagement donne du sens et du poids à la vie.

□ Mais nous vivons désormais dans une société cruellement en crise d'engagement, malgré la complexité et la diversité des défis. Cette société, définie comme liquide, se caractérise par la promotion de l'éphémère et du provisoire ; l'esprit d'engagement et le goût des risques prometteurs ont déserté les cœurs à cause du goût à la facilité, du manque du sens de gratuité et de la mentalité du calcul qui ont envahi le cœur de beaucoup de jeunes, alors que l'adolescence ou la jeunesse est normalement déterminée par la générosité du cœur.

□ A la racine de ces causes, se trouve l'amour démesuré de l'argent, devenu l'étalon par lequel tout est désormais mesuré. Il y a aussi le manque de reconnaissance des témoins qui se sont illustrés par de grandes œuvres. La société béninoise semble immatriculer les héros du chiffre zéro.

□ Heureusement, la société porte encore en son sein et au sein de la jeunesse des hommes et des femmes de valeur. Tout jeune béninois devrait reprendre, face aux diverses contingences de la société et aux différentes vicissitudes de l'odyssée de sa vie, la réplique de Médée à Nérine qui lui disait : « *Votre pays vous hait, votre époux est sans foi. D'un*

si grand revers, que vous reste-t-il ? » « Moi. Moi, dis-je, et c'est assez ».

□ Ce « *moi* » ne s'accommode en rien à un moi égocentrique ou égoïste. Ce « *moi* » exprime, plutôt, face aux défis, la force d'âme, l'esprit de sacrifice et la conscience du devoir, qualités bien caractéristiques de la jeunesse. Devant certaines situations, l'argument ne suffit pas. Le politiquement ou le socialement ou l'ecclésialement correct ne suffit pas. Il faut l'audace. Il faut un sursaut. Il faut un assaut de la bonté et de l'amour.

□ Les diverses positions constituent alors les premiers lieux d'engagement. Elles sont les leviers par lesquels nous pouvons soulever le monde et changer l'histoire. Aucune position ne peut s'affranchir de la générosité de l'engagement et du don de soi. Et pour le croyant, le recours à la prière prépare les conditions pour un fructueux engagement.

□ Cher ado ou cher jeune, pour bien des situations, il ne reste que toi et toi seul. Et crois-moi, c'est déjà assez pour remporter les grandes victoires. Le devoir t'appelle. Parle. Agis. N'étouffe pas cette voix intérieure qui sollicite ta générosité, souvent par des renoncements et des sacrifices. C'est bien souvent le prix à payer. Une vie, seulement occupée à ses intérêts et avantages, n'a que peu d'épaisseur. Les problèmes des autres aussi t'interpellent. « Nul *n'est une île, se suffisant à soi-même ; tout homme est un morceau de continent, une partie de tout ; (...) toute mort d'homme me diminue parce que je suis une part de l'espèce humaine ; ne demande jamais pour qui sonne le glas : il sonne pour toi* » (J. DONNE, Méditation XVII).

□ Et la jeunesse constitue le moment et l'âge propices pour l'action généreuse et méthodique. Aussi, voudrais-je ranimer ton sens de l'engagement par le recours à la conscience du devoir. Face au devoir qui urge, il faut un peu plus que de la bonne volonté pour affronter les pressions qui surgissent de toutes parts. L'échelle des valeurs permet de prendre la décision opportune. *« Ne réplique point, je connais ton amour. Mais qui peut vivre infâme est indigne du jour »* (Pierre Corneille, Le Cid).

□ L'engagement et le sens du devoir ne consistent en rien en une prédication de la mort. Mais ils impliquent nécessairement une forme de mort, la mort à soi. S'il n'existe aucune cause pour laquelle tu es prêt à donner ta vie (non en sacrifiant celle des autres), ta vie vaut peu et se déploie juste comme un simple déterminisme biologique.

□ L'engagement dont il est question ne réside pas dans les actes d'éclat. C'est bien souvent les actes anodins ou gestes simples, posés avec audace, cœur et détermination au bon moment, qui changent le cours de l'histoire et brisent des siècles d'immobilisme. Mais ils ne surgissent pas non plus à l'improviste ; ils sont préalablement préparés et intériorisés par le sens du devoir et la conscience des défis.

□ Sans engagement, les choses ne changent jamais. L'histoire se met en marche par la marge ; elle s'écrit par les petits. L'effet-papillon est assez illustratif. « Quand un papillon bat des ailes à Hong Kong, il peut déclencher un orage à New York ». Les plus petits actes des hommes les plus simples, portés par une volonté ferme, sont capables de résister aux puissants, de renverser le cours des événements et de produire des résultats inouïs.

□ Ton engagement peut transfigurer la situation du Bénin. Cible bien alors les défis ; et applique les méthodes y afférentes (stratégies ainsi que tactiques). L'insurrection de la bonté et de l'amour construit. Mais la violence détruit toujours, quand elle est exercée sur les autres. Même si l'engagement naît d'un élan individuel, il faut savoir le transformer en dynamique qui intègre les autres pour un déploiement efficace.

□ Le succès de tout engagement pour le bien commun nécessite la conjugaison de la mystique du semeur (générosité individuelle) avec la mystique du pêcheur (appel à la solidarité des autres). La culture de l'engagement ne devrait pas être difficile pour la jeunesse qui aime naturellement la camaraderie et les amitiés.

□ Jeune, lève-toi et marche. Comme un vaillant conquérant de guerres qui consent mille sacrifices pour remporter la victoire et s'interdit toute idée de défaite ! « Si tu sais que c'est les petits ruisseaux qui font les grandes rivières ».

□ Je suis jeune, il est vrai ; « *mais aux âmes bien nées, la valeur n'attend point le nombre des années* » (P. Corneille, Le Cid).

ADO BENINOIS, OSE DIRE OUI A LA VIE !

□ La vie est un précieux et généreux don. La vie est une insigne grâce. La vie est unique. Chaque vie porte un merveilleux projet et un dessein prodigieux. Aucune vie n'est donc un hasard, un risque ou un jeu.

□ Pour l'ado, une vie en promesses, la vie constitue un grave enjeu. L'ado aime la vie. Et l'ado béninois vit au cœur d'une culture, déterminée par la puissance de la vie.

□ Dire oui à la vie, c'est s'approprier le caractère sacré traduit par cette voix qui résonne dans le cœur de chaque homme et de chaque femme, et parcourt l'histoire de l'humanité : « Tu ne tueras pas ». La mort n'est pas que physique ou biologique. Tout ce qui ne promeut pas la vie est source de mort.

□ Dire oui à la vie, c'est en apprécier la précieuse valeur. Rien ne vaut la vie. La vie est précieuse et unique, même si elle passe vite. Elle passe vite car, un temps, tu es là et un autre, tu n'es plus. L'adolescence, la jeunesse, quant à l'âge, passe aussi, mais on peut la conserver dans le cœur. Le mot fort pour profiter de la vie est « Aujourd'hui ». A cet effet, « ne remets pas à demain ce que tu peux faire aujourd'hui » et la sagesse populaire ajoute : « qui remet à demain trouveras malheur en chemin ».

- Dire oui à la vie, c'est bien vivre le temps présent. Il y a une grâce liée au présent. C'est aujourd'hui qui prépare l'avenir. Et la procrastination est un poison pour le succès. Tiens -en compte surtout que qui remet à demain, trouvera malheur en chemin. Le jeune blessé et blasé par la vie, pour diverses raisons, peut être tenté de vivre dans le passé, en ressassant ses échecs, limites et manques. La mémoire du passé indique les erreurs à éviter, les responsabilités à prendre, mais une vie rivée sur le passé est une vie ankylosée ; elle ne peut évoluer ni faire évoluer personne. Pour dire oui à la vie, le jeune est appelé à habiter le présent, recueillant avec lucidité l'héritage de son passé dont les failles sont à confier à la miséricorde de Dieu, et tendu vers le futur confié à la Providence.
- Dire oui à la vie, c'est adopter la mystique du don. La vie advient par le don. Elle s'épanouit à travers le don. La vie pour soi seul, par la recherche effrénée du succès et l'accumulation des biens au détriment des autres, à l'idée d'être le seul à bord, ne satisfait pas non plus. La réussite de la vie se trouve dans la capacité du don de la vie. Une vie incapable de sacrifice manque de poids.

- Dire oui à la vie, c'est assumer sa vie. Ce qui n'a pas été assumé ne peut pas être guéri ou sauvé. Ce qui n'est pas assumé ne peut connaître la grâce de l'épanouissement et du bonheur. Chacun doit accepter le mystère de sa vie, avec ses limites et ses mérites. Ce n'est pas efficient d'être seulement polarisé par la vie des autres, même si elle peut nous inspirer. Il faut surtout éviter la vie par procuration. Pour ce faire, tu as besoin de l'aide et de l'accompagnement de l'autre : car la vie nous vient d'abord de l'autre. Le plus grand drame d'une vie, c'est quand après des échecs accumulés, tu finis par t'établir dans la méfiance et la défiance par rapport à tout et à tout le monde.

□ La grandeur d'une vie ne dépend pas du nombre d'années vécues, mais de l'intensité qui la porte : « la revanche de celui qui s'est consumé dans une grande flamme avant de mourir, c'est de resplendir éternellement ». La valeur d'une vie ne dépend pas des positions sociales stratégiques, mais de la densité qui l'anime. Le bonheur d'une vie ne se situe pas dans le paraître ou l'apparaître, mais dans l'être utile.

□ Dire oui à la vie, c'est croire en la vie. C'est combattre pour la vie. C'est lutter inlassablement pour mieux correspondre à cet aphorisme béninois qui me fait lire : « **l'oiseau intrépide fait son nid au milieu des épines** ».

Faites-nous vivre notre vie, non comme un jeu d'échecs où tout est calculé, non comme un match où tout est difficile, non comme un théorème qui nous casse la tête, mais comme une fête sans fin où votre rencontre se renouvelle, comme un bal, comme une danse, entre les bras de Votre grâce, dans la musique universelle de l'Amour. Seigneur, venez nous inviter. (Madeleine Delbrêl, 1904-1964).

ADO BÉNINOIS : OSE RÉFLÉCHIR.

□ C'est par la culture que la Grèce conquit son conquérant. Y aurait-il un défaut de pensée au Bénin qui ne manque pas d'éminentes élites intellectuelles ? Notons que les peuples qui connaissent un certain niveau de développement, y sont parvenus par la culture qu'ils ont été capables d'assimiler et de produire. La jeunesse, avenir d'un peuple, est aussi le moment idoine pour boire la science et la boire à longs traits.

□ Savoir bien utiliser sa raison est fondamental. Quand la raison réussit à saisir et à formuler les principes premiers et universels de l'être et à faire correctement découler d'eux des conclusions cohérentes d'ordre logique et moral, on peut alors parler d'une raison droite. Et celle-ci représente un enjeu majeur pour la jeunesse béninoise.

□ Le Bénin doit absolument se penser pour saisir les causes de ses pesanteurs. Toute chose que vient corroborer ce dicton populaire :« **le fil blanc ne meurt pas dans les cheveux noirs** » Une société qui ne se pense pas constamment est vouée à la stagnation et, finalement à la dégénérescence. A cet effet, la force vive qu'est la jeunesse n'est pas seulement à faire déployer en mode physique, mais aussi comme potentiel d'énergie intellectuelle, en modalité métaphysique. Nos ministères de culture sont souvent liés au sport et aux loisirs : un large pan de la culture comme acquisition du savoir est ainsi occulté.

□ Ado béninois, ose utiliser ta raison pour approcher, expliquer et présenter les mystères de nos cultures ; celles-ci ne relèvent pas toujours de l'irrationnel.

□ Le mystère n'est d'ailleurs pas ce qu'on ne peut pas comprendre, mais ce qu'on n'arrive pas encore à cerner totalement. Car là où ne circulent pas logique et raison, la vérité est absente ; et là où il n'y a pas la vérité, le développement est reporté aux calendes grecques.

□ Le développement ou la politique ne peut être réduit à la pratique et au pragmatisme. L'action, pour produire les fruits escomptés, a besoin d'être soutenue par une certaine philosophie ou une pensée réfléchie et dynamique. Et c'est à ce niveau que se situe toute l'importance de l'échange des idées ou de la discussion civilisée. Pour en esquiver l'exigence, plusieurs préfèrent déporter le débat d'idées à des combats de personnes ou à des idéologies de sectes et de partis.

□ Ta participation à des espaces d'échange et de pensée te prépare et t'habitue à la pensée libre et dynamique. La réflexion élève l'esprit au-delà des contingences comme celles de la race, de l'ethnie, de l'argent, etc. Sans la réflexion, même les idées les plus élaborées tombent sous le coup de l'idéologie. Les dictatures, dans leur diversité, qu'elles soient celles du parti unique ou celles des majorités, s'installent par défaut de réflexion organisée : la gestion de la société ne devrait donc jamais faire notamment économie de débats constructifs.

□ C'est donc une urgence pour tout jeune d'apprendre à penser : la pensée naît de l'émerveillement. Un jeune qui ne s'émerveille pas ne peut s'étonner ou philosopher. Un peu pour rester dans la même veine que cet autre proverbe béninois : « **là où les yeux ne peuvent aller, là où les oreilles ne peuvent entendre, le cœur s'y rend»** Au-delà des nombreuses réalités qui vont mal et font même très mal (guerres, famines, injustices, corruption), il faut savoir admirer le bien, le beau, le vrai à travers une radieuse nature, un beau paysage, les merveilles du monde, etc. Penser aujourd'hui au Bénin, c'est ouvrir les yeux pour voir qu'en ce « pays noir » où tout respire peut-être la mort, se cache dans un coin un petit jardin insignifiant d'où ressurgira la vie et où sont enfouis des germes d'espérance.

□ L'homme est certes bien plus qu'un roseau pensant, mais cette caractéristique est essentielle. A cet effet, éviter de réfléchir ou se contenter des pensées par procuration ou être colporteur d'idéologies, c'est rabaisser ta dignité humaine. Sur toute chose, fais ta synthèse, non seulement à partir de toi, mais en intégrant les divers apports des autres et du passé. Le conseil d'un papa à son enfant est bien éloquent à ce propos : « Vérifiez tout. Ce qui est bon retenez-le ». La réflexion libère les énergies créatrices.

□ Il appartient à la culture, pour le salut et l'équité des peuples, d'inspirer la politique, de la penser, de l'animer. La recherche est le démiurge qui remodèle sans cesse la face de la terre (Alioune Diop, 19-09-1956).

ADO BÉNINOIS : OSE CONSTRUIRE AVEC LES AUTRES ET DIEU.

« L'homme n'est rien sans les hommes. Il vient dans leurs mains et s'en va dans leurs mains. » (S. BADIAN, Sous l'orage).

□ L'ado, comme le jeune n'apprécie pas ordinairement la solitude. Il aime justement la compagnie des amis et camarades ; il veut « être avec ». Il préfère la vie ensemble, déterminé ainsi à sa manière, par l'antique maxime latine : « rarement seul, jamais à deux, toujours à trois ».

□ L'action solitaire disparaît avec son initiateur, et sans avenir, à moins d'un miracle. Ainsi, l'avenir de nos sociétés dépend de ta capacité à devenir un agent fédérateur d'énergies et de compétences : un rêve porté par plusieurs est déjà en acte de réalisation.

□ S'unir ou périr ! Le Bénin n'a qu'un seul choix ; et les jeunes sont là pour le sauver du péril. Son problème est le manque de fédération autour des grandes causes. Aucun avenir ne peut s'écrire par l'individualisme. « **L'enfant qui n'est jamais sorti trouve que seule sa mère fait bien la sauce**» s'indigne ce proverbe béninois. Il nous faut nous mettre ensemble. Personne ne peut à lui seul régler tous les problèmes de nos cités. Le Bénin est riche d'individualités exceptionnelles, excellentes et brillantes, mais celles-ci sont incapables de se retrouver ensemble, chez elles, dans la coopération pour le bien. Chacune d'elles préfère aller de son côté si ce n'est pas au pire des cas, ce qui est fréquent, combattre, à la fois, l'autre et le bien qu'il réalise pour faire avancer le pays selon elles.

□ Jeune Béninois, tu construis déjà à ton niveau l'unité du Bénin, de par ton aptitude à travailler avec les autres et de par ta capacité à te réjouir du bien de l'autre quelle que soit la nature de ta relation avec lui. Rêver et collaborer ensemble : l'union fait la force. La vérité est symphonique. Malgré les raisons que tu as d'être méfiant, il existe encore de braves personnes comme toi avec lesquelles tu peux bâtir d'inouïs projets d'avenir, si tu sais les identifier prioritairement sur leurs compétences et non sur leurs origines, classes ou positions sociales ; si vous savez ensuite définir ensemble les axes de la collaboration, de manière intelligente et réaliste ; si vous arrivez à institutionnaliser la coopération de manière souple et ferme, en signe de prudence. La construction avec les autres nécessite des garde-fous à prendre. Ces mesures n'évitent pas tout, mais peuvent réduire de beaucoup les proportions de désaccord. La confiance en l'autre est enrichie par la foi en l'autre.

□ Un jeune consciencieux cherche généralement à réussir ses études et sa vie. Et bien souvent dans cette quête, peut-être avec l'insouciance de l'âge où n'ayant pas encore accueilli la grâce de la foi, il peut mettre Dieu entre parenthèses. Il n'a pas assez de temps pour Dieu. Il compte plutôt seulement sur lui-même et sur ses potentialités. Avec Dieu, on réussit sa vie, et non seulement dans la vie.

□ La foi en Dieu n'exempte pas de travailler et de développer ses facultés qui sont d'ailleurs des dons et des talents, confiés pour être fructifiés. Elle ne constitue en rien une attente passive de l'inspiration ou de l'illumination divine : « celui qui ne travaille pas, qu'il ne mange pas non plus ». « Prie et travaille. Prie comme si tout dépendait de Dieu » : « Sans moi, vous ne pouvez rien faire » et travaille comme si tout dépendait de toi.

□ Ose construire avec Dieu. Fondement de l'être, il élargit l'horizon de la vie.

□ Ose construire avec Dieu, allié du bonheur de l'homme à qui le monde a été confié en état de cheminement vers une perfection ultime.

□ Le développement de l'âme est le premier élément de la paix.

□ Plus l'homme est proche de Dieu, plus il est proche des hommes.

ADO BÉNINOIS : OSE REPARTIR.

A toi,
Des profondeurs vers les hauteurs.
« *Si tu peux voir détruit l'ouvrage de ta vie*
Et sans dire un seul mot te mettre à rebâtir,
Ou perdre en un seul coup le gain de cent parties
Sans un geste et sans un soupir ; (...)
Alors les Rois, les Dieux, la Chance et la Victoire
Seront à tout jamais tes esclaves soumis,
Et, ce qui vaut mieux que les Rois et la Gloire
Tu seras un homme, mon fils. » (Rudiyard Kipling).

□ Oser repartir constitue une invitation au jeune à ne pas dormir sur ses lauriers et à ne pas se laisser griser par le succès des petits pas. Le risque est grand, surtout à cet âge, de vite se pavaner comme un ballon de baudruche, mais aussitôt dégonflé. La vie est un combat continuel : aussi est-il prudent de ne pas se laisser monter la tête, risque un peu caractéristique de la jeunesse.

□ Ose repartir, c'est un appel à la détermination et au courage face aux nombreuses limites souvent décapantes, aux divers obstacles quasi insurmontables et aux différents échecs répétés.

□ La prise de conscience de la précarité est un puissant levier qui permet de donner le meilleur de soi : « *ce ne sont pas toujours les élèves qui fréquentent les plus riches bibliothèques qui font de brillantes études ; ce n'est pas toujours dans les laboratoires les mieux outillés que l'on a fait les découvertes les plus retentissantes. Ce ne sont pas les outils qui font l'ouvrier : c'est l'ingéniosité, l'habileté, la persévérance* » (L. RIBOULET, Conseils sur le travail intellectuel).

□ Ose repartir, parce que ce n'est pas ta vie seule qui est greffée de limites. Toute vie a ses limites tout en étant même temps limitée. C'est la vérité de la nature humaine de notre vie et de notre liberté. Mais tu peux demander pourquoi toi ou pas les autres, surtout quand les obstacles et les échecs s'abattent fréquemment sur toi ; et quelquefois sans explications rationnelles. Ici, les comparaisons ne relèvent pas de la voie/voix de la sagesse : « comparaison n'est pas raison ». Chaque homme ou chaque femme est un projet personnel et unique. Donner foi, de façon infaillible aux forces irrationnelles et occultes, c'est se soumettre au déterminisme et à la fatalité. Quelles que soient les raisons que tu peux faire tiennes, ta vie n'est certainement pas la plus abîmée ou ridicule. A cette seule idée, tu évites de sombrer dans l'angoisse, l'incertitude et la dépression. Les limites, les obstacles et les échecs font absolument mal. Elles causent des souffrances, surtout morales, les plus dramatiques. La pensée d'Alfred de Musset, « *l'homme est un apprenti, la douleur est son maître, et nul ne se connaît tant qu'il n'a pas souffert* », est judicieuse mais ne peut devenir un prétexte au dolorisme ou à la résignation.

□ Tu disposes de nombreuses ressources intérieures, pour affronter et vaincre limites, obstacles ou échecs. La puissance se révèle souvent même dans et par la faiblesse. Les obstacles peuvent devenir une aiguillon pour une autre voie. L'échec se présente alors comme une réussite différée. Tu es jeune et tu as le cœur jeune, tu peux convertir tes échecs en expériences de vie. Repartir trempe ton caractère et arme ton cœur de vaillance. La couronne n'a vraiment sa beauté et sa valeur que les fronts meurtris. Rien de grand ne se réalise sans passion.

 Ose repartir, mais comment ? La répétition des difficultés peut te faire sombrer dans l'auto-flagellation, toujours destructrice et dévastatrice. Même avec la situation la plus tragique ou dramatique, tu n'as pas fini ; tu n'es pas fini. Tu as peut-être perdu, mais tu n'es pas perdu. Quel que soit ton âge, tu as la vie devant toi, saisis les opportunités et sache qu'à tout moment, l'avenir s'ouvre pour qui sait en prendre résolument le chemin. Par ailleurs, l'accusation des autres est contre-productive. Elle produit et nourrit le complexe de la victime qui ensevelit dans la résignation et le désespoir. Écoute plutôt ces propos de Cassius dans « Jules César » : « *la faute, cher Brutus, n'en est pas à nos étoiles, mais à nous-mêmes* ». Les seules limites que nous avons sont celles que nous nous imposons. La reconnaissance sincère de ses erreurs est toujours salutaire. Elle ouvre la voie à la renaissance. Ainsi tu deviens comme le phénix, capable de renaître de ses propres cendres.

 Ose repartir, mais quand ? Aujourd'hui même. Aujourd'hui, il faut décider de te remettre en cause. Aujourd'hui, il faut jeter tes masques. Aujourd'hui, il faut parier pour ta renaissance, car la vie n'est qu'une succession de renaissances. Le grand défi est bien celui-ci : renaître toujours. Aujourd'hui, sois un homme nouveau pour ta communauté et pour ton pays, repars donc.

 Ose repartir : il n'y a pas un autre chemin de perfection, quel que soit le domaine. Repartir t'invite à te hâter lentement. Comme un jeune débordant d'énergie, tu veux courir et aller vite, surtout que le temps passe vite.

 Ado, Jeune, monte ! Monte encore ! Monte toujours ! L'homme est un être de désir et non être programmé. Excelsior semper Excelsior. Qu'importent les limites, les obstacles et les échecs ! Qu'importe l'érection de pesanteurs qui bloquent, qu'importent les traditions qui avilissent parfois ainsi que les pesanteurs qui paralysent ! Repars des profondeurs (fondement et échec) vers les hauteurs. Il faut de la conscience, de la volonté, du goût, de la méthode et du travail bien fait et enfin de la disponibilité à repartir toujours avec les autres et avec Dieu.

Conclusion

Voici plus de 60 ans d'indépendance que le peuple béninois peine sur le chemin du développement à la recherche d'un mieux-être pour tous. Au cœur de ce périple périlleux et redondant, la saignée n'a que trop duré et le bout du tunnel s'éloigne d'année en année. Même la proclamation d'intention euphorique que nous avions martelée à l'issue de la conférence nationale des forces vives de février 1990 en laissant entendre avoir vaincu la fatalité n'aura point suffi pour libérer une démocratie sous l'emprise d'une corruption au rythme de l'impunité pour voir acter ce développement.

Dans sa prévenance, Jacques Attali nous informe que : « *Le nomade ne se met pas en marche s'il n'a pas une terre promise à laquelle rêver* » pour se faire plus insistant dans un retentissement solennel au tribunal de la conscience collective pour en sollicitant la couche juvénile qui reste le seul espoir à se mettre dans la danse pour l'atteinte de l'objectif pour bâtir un pays où il fera bon vivre pour chacun et pour tous. Sénèque se fait plus précis en reconnaissant : « *Qu'il n'y a pas de vent favorable pour celui qui ne sait où il va.* » C'est maintenant ou jamais qu'il faut se décider pour aller à la conquête d'un rôle avant-gardiste afin que plus jamais les pratiques corruptives ne prévalent point contre nous.

L'histoire retiendra cette partition que s'arrogera cette tranche de notre société pour être désormais le bras armé devant contribuer à l'avènement de ce développement harmonieux que nous caressons de tous nos vœux pour la prospérité de ce pays qui demeure le seul patrimoine en héritage. La prise d'une telle responsabilité est impérieuse à travers un dynamisme fort pour inventer la vieillesse de demain. Mohamed Doumbia vous y convie incessamment au moyen de cette alerte : « *Quiconque pense à la jeunesse aujourd'hui, demain se réjouira de leur vieillesse.* »

Donnons donc à la jeunesse d'aujourd'hui, l'épanouissement de leur vieillesse

Comment rêver d'un Bénin nouveau lorsqu'une bonne partie des élites, cadres et décideurs à tous les niveaux du pays se compromettent dans leurs actions comme leurs aînés ? Ce rêve devient aussi difficile si les citoyens et citoyennes cessent de croire en eux-mêmes et de leur capacité à transformer qualitativement notre société et d'agir collectivement. Si le peuple Béninois ne retrouve pas les valeurs essentielles et humaines suggérées aux ados et aux jeunes dans le dernier chapitre du livre à travers les gouvernants futurs du pays, comment un Bénin nouveau pourrait-il se développer ? Le déficit des valeurs essentielles et le déficit démocratique sont des miroirs posés l'un en face de l'autre : et on y voit l'abîme de notre existence comme peuple Béninois.

À travers ce livre, j'exhorte mes compatriotes de l'intérieur comme de l'extérieur que : « *L'avenir, ce n'est pas une plaisanterie* » écrit Celine. L'avenir agit comme un abri. J'y retrouve sous la forme de l'espoir ce que m'offre le présent sous la forme du regret. Cet espoir, forgé à la hauteur de notre douleur commune, devient mystique, je lui préfère le nom céleste d'espérance. Au présent, les abîmes dus aux agissements du régime actuels au Bénin. À l'avenir, le délire ascendant. Soyons vigilants et mobilisons-nous tout en gardant toujours espoir.

Structures éditoriales du groupe L'Harmattan

L'Harmattan Italie
Via degli Artisti, 15
10124 Torino
harmattan.italia@gmail.com

L'Harmattan Hongrie
Kossuth l. u. 14-16.
1053 Budapest
harmattan@harmattan.hu

L'Harmattan Sénégal
10 VDN en face Mermoz
BP 45034 Dakar-Fann
senharmattan@gmail.com

L'Harmattan Cameroun
TSINGA/FECAFOOT
BP 11486 Yaoundé
inkoukam@gmail.com

L'Harmattan Burkina Faso
Achille Somé – tengnule@hotmail.fr

L'Harmattan Guinée
Almamya, rue KA 028 OKB Agency
BP 3470 Conakry
harmattanguinee@yahoo.fr

L'Harmattan RDC
185, avenue Nyangwe
Commune de Lingwala – Kinshasa
matangilamusadila@yahoo.fr

L'Harmattan Congo
67, boulevard Denis-Sassou-N'Guesso
BP 2874 Brazzaville
harmattan.congo@yahoo.fr

L'Harmattan Mali
ACI 2000 - Immeuble Mgr Jean Marie Cisse
Bureau 10
BP 145 Bamako-Mali
mali@harmattan.fr

L'Harmattan Togo
Djidjole – Lomé
Maison Amela
face EPP BATOME
ddamela@aol.com

L'Harmattan Côte d'Ivoire
Résidence Karl – Cité des Arts
Abidjan-Cocody
03 BP 1588 Abidjan
espace_harmattan.ci@hotmail.fr

Nos librairies en France

Librairie internationale
16, rue des Écoles
75005 Paris
librairie.internationale@harmattan.fr
01 40 46 79 11
www.librairieharmattan.com

Librairie des savoirs
21, rue des Écoles
75005 Paris
librairie.sh@harmattan.fr
01 46 34 13 71
www.librairieharmattansh.com

Librairie Le Lucernaire
53, rue Notre-Dame-des-Champs
75006 Paris
librairie@lucernaire.fr
01 42 22 67 13